RIHANNA
Chica mala

Santillana Ediciones Generales, S.A. de C.V.

Av. Río Mixcoac 274, Col. Acacias, CP 03240, México D.F.

D.R. © 2012 Santillana Ediciones Generales, S.A. de C.V.

Título original: Rihanna: Bad Girl
Edición original: Flame Tree Publishing
Coordinación editorial: Gerardo Mendiola P.
Colaboradores: Gonzalo Ang y Rafael Arenzana
Primera edición en español: junio de 2012

Los créditos de la página 128 forman parte de esta página.

Primera publicación por Flame Tree Publishing en 2012
Crabtree Hall, Crabtree Lane
Fulham, London SW6 6TY
United Kingdom

Flame Tree Publishing is part of Flame Tree Publishing Ltd

ISBN-978-607-11-1998-8

Impreso en China
Printed in China

RIHANNA
Chica mala

MICHAEL HEATLEY Y GRAHAM BETTS

PRÓLOGO: MANGO SAUL, EDITOR DE SUGARSCAPE.COM

Altea

Contenido

Prólogo

Bienvenido, fanático de Rihanna. Sí, tú.

Tú eres el obsesivo fan número uno de la cantante barbadense; ¿sino por qué más habrías tomado este libro? Desde sus humildes comienzos en busca de una casa grabadora hasta ser conocida en todo el mundo, este libro tiene todo lo que necesitas. Fácilmente podría ser solo una lista, contando hechos y grabaciones que ha hecho Rihanna a lo largo de los últimos seis años, pero eso sería muy aburrido.

Tuve el placer de entrevistar a Robyn Rihanna Fenty en 2005, justo después que su canción debut "*Pon de Replay*" llegó al número 2 en las listas de sencillos. Ella era una chica tímida de 17 años que había sido catapultada a la fama con su contagioso primer sencillo. Desde el momento en que entró en la habitación supe que iba a ser una megaestrella global. Lo que me sorprendió ese día no solo fue que era hermosa, sino que sabía exactamente cómo responder las preguntas de un periodista –su atención a los detalles era inmaculada, a pesar de ser una adolescente. Desde entonces, unos cinco años y más de 20 millones de álbumes vendidos después, la chica de Saint Michael no ha parado. Y no se detiene con la música: Rihanna trabaja incansablemente para incontables obras benéficas y ahora está a punto de estelarizar una película: al parecer no hay límites para su talento...

La habilidad de Rihanna para producir música sorprendente es en verdad un don del cielo. Así que aquí está, su vida y su música hasta el momento, en fotografías espontáneas y montones de pensamientos. Una forma perfecta de pasar una tarde...

Mango Saul, Editor, www.sugarscape.com

En realidad, era perfecto. A decir verdad, lo dábamos por sentado, pero básicamente pasábamos el día entero en la playa con verano todo el año. No era especial para nosotros porque eso era normal en Barbados.' Rihanna

Comienzos en Barbados

Hasta 2005, la isla caribeña de Barbados difícilmente había prendido fuego al mundo musical. Quizá su exportación musical más famosa fue Bruce Brewster quien, con el nombre artístico de Rayvon, tuvo junto con Shaggy los éxitos "In The Summertime" y "Angel" –este último uno de los primeros lugares de las listas del Reino Unido en 2001. A pesar de esta falta de éxito, muchos soñaban con ser quien rompiera la tendencia y se volviera exitoso nacional e internacionalmente. Una de estas soñadoras era Rihanna, quien nació como Robyn Rihanna Fenty en Saint Michael el 20 de febrero de 1988. Su madre, Monica Braithwaite, era una contadora retirada, mientras su padre, Ronald Fenty, era supervisor de almacén en una fábrica de ropa. Robyn, como aún la llama su familia, es la mayor de tres hermanos, con sus hermanos Rorrey y Rajad completando la unidad familiar. Ronald también tuvo tres hijos de una relación anterior, dándole a Robyn dos medias hermanas y un medio hermano.

Cantar para escapar

La familia se mudó de Sain Michael a Bridgetown, donde Robyn cursó la educación primaria en la Charles F. Broome Memorial School y luego en la Combermere School. Al salir de la escuela, Robyn contribuía al ingreso familiar ayudando a su padre a vender ropa en un puesto callejero. Creció oyendo música reggae y comenzó a cantar a los siete años de edad.

> *"No me llevaba muy bien con la gente. Me juntaba con chicos, pero odiaba a las chicas y a los maestros. Todos mis amigos, aun si no estaban en la escuela, siempre eran chicos."* Rihanna

Tal vez esta era su forma de alejar de su mente los problemas familiares, ya que Robyn veía que la relación de sus padres iba de mal en peor. La adicción de Ronald a las drogas y al alcohol provocaba discusiones y, a veces, violencia. Para cuando tenía ocho años, comenzó a padecer jaquecas graves que convencieron a los doctores de que podría tener un tumor cerebral. Cuando los exámenes no revelaron nada, se supuso que el estrés era la causa probable. Cantar se volvió una ruta de escape; el clima era otro consuelo.

No fue una estudiante modelo

El padre de Robyn dejó a la familia cuando ella tenía 14 años y pudo disfrutar de una vida hogareña menos estresante. Con dos compañeros de escuela formó un trío musical, mientras Robyn también se enroló como cadete en un programa submilitar, donde el futuro cantante Shontelle fue su sargento instructor. Robyn también abrigaba la idea de graduarse del bachillerato, aunque, como ella misma admite, no era la mejor de las estudiantes. Aunque había aspectos de la escuela que disfrutaba, había otros que no eran tan agradables. Además, Robyn ya había decidido que deseaba seguir una carrera de música y la mayor parte del tiempo el trabajo escolar simplemente se interponía en el camino. La escuela era algo que tenía que tolerar, no disfrutar, y su trío musical le brindaba algo que esperaba con ansia por las tardes. Por suerte, un muy buen amigo estaba a punto de hacerle una presentación que cambiaría su vida.

> "Si no me hubiera vuelto *artista*, seguiría en la *aburrida* escuela estudiando *psicología*. Odio la escuela, así que *doy gracias a Dios* por *hacer* lo que *estoy* haciendo." *Rihanna*

Una audición exitosa

Entre los visitantes regulares de Barbados durante las vacaciones estaban los renombrados productores de discos Evan Rogers y Carl Sturken. Ambos estaban casados con mujeres barbadenses y, por tanto, estaban a menudo en la isla. Fue durante una de esas visitas que el amigo de Robyn les sugirió a los productores que escucharan a Robyn y su trío. Se arregló una audición en el hotel donde se quedaban Evan Rogers y su esposa. Rogers declararía después que supo que Robyn sería una superestrella desde el momento en que entró en su habitación, eclipsando por completo a sus dos compañeros de banda. El trío interpretó su propia versión de "Emotion", de Destiny's Child, que a su vez era una versión de una canción escrita por los Bee Gees. Gratamente impresionado, Rogers invitó a Robyn a volver para una nueva audición, pidiéndole que acudiera con su madre, pero sin sus amigos. Ahora era una estrella solista en espera…

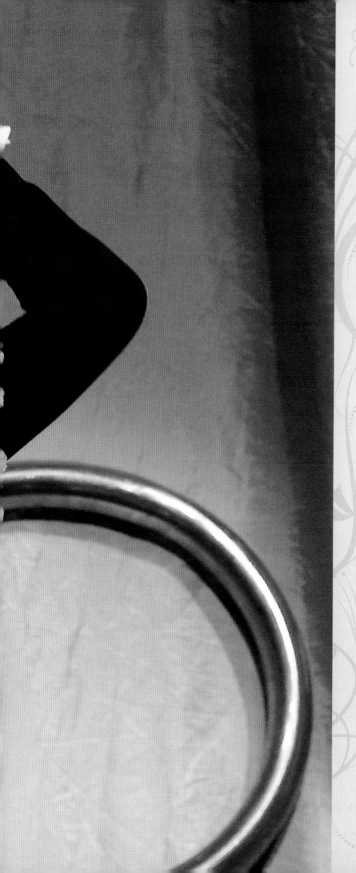

Una y otra vez

Fue en la segunda audición que Evan Rogers bosquejó un plan para el futuro inmediato. Rogers y Sturken tenían algún material que pensaron podría ser ideal para Robyn, el cual le pidieron que grabara como demo en su estudio. Esto implicaba que Robyn y su madre volaran una y otra vez entre Barbados y Stamford, en Connecticut, ya que las sesiones tuvieron que programarse durante las vacaciones escolares. Aunque Robyn podía ver una carrera futura en el horizonte, no se le permitía dejar la escuela por completo. Habría algunas distracciones bienvenidas durante este tiempo, pues Robyn ganó el concurso de belleza escolar Miss Combermere y el festival de talento del bachillerato, en el que interpretó "Hero", de Mariah Carey. Con su combinación de talento musical y buena apariencia, ¡esta alumna iba en camino a la cima de la farándula!

"Mi mamá decía: 'No vas a dejar la escuela hasta que firmes.' Y aun cuando firmé, me hacía ir a la escuela."

Rihanna

Sale el demo

En enero de 2005, el primer demo estaba completo y listo para enviarse. Entre las canciones que contenía había una versión de "For The Love Of You" y dos composiciones nuevas: la balada "Last Time" y la estrafalaria "Pon de Replay". Mientras, Rogers y Sturken seleccionaron con cuidado las compañías discográficas a las que enviarían el demo, incluyendo a la mayoría de los principales músicos en música urbana. Varias respondieron casi de inmediato, y para febrero de 2005 Robyn tenía ante ella un itinerario que decidiría su carrera. Una de las reuniones fue con Def Jam, donde el ejecutivo de A&R, Jay Brown, le había dado el demo a Jay-Z, presidente del sello en ese entonces, y a LA Reid, director de Island Def Jam Recordings.

Firma con Def Jam

Con una madurez más allá de sus tiernos años, Robyn cantó 'For The Love Of You' a dos de los hombres más importantes en la industria discográfica estadounidense. Jay-Z estaba convencido de que "Pon de Replay" era lo bastante fuerte para volverse un éxito importante, pero le preocupaba que Robyn se convirtiera en una estrella de un solo éxito. "Cuando una canción es así de grande, es difícil superarse. Yo no contrato canciones; contrato artistas." Por fortuna para Robyn, su audición demostró que tenía la calidad de estrella requerida para desarrollar toda una carrera, y "Pon de Replay" simplemente proporcionaría la plataforma de

"Def Jam fue el primer sello en responder. Recibimos otras llamadas, pero ellos fueron los más entusiastas. Sin embargo, toda la experiencia fue muy tensionante." Rihanna

lanzamiento.

A Jay-Z y LA Reid les llevó poco tiempo tomar una decisión: deseaban que Robyn firmara con su sello y querían que lo hiciera de inmediato. A Robyn y su equipo no se les permitió salir del edificio hasta que el contrato estuvo firmado; se cancelaron todas las reuniones programadas con otras discográficas. Robyn era oficialmente una artista de Def Jam.

Volviéndose Rihanna

Por supuesto, la firma del contrato fue apenas el primer paso en la carrera de Robyn. La cantante eligió trabajar bajo su segundo nombre, Rihanna, en virtud de que ya había otra mujer llamada Robyn (una cantante sueca que disfrutó de un gran éxito en 1998 con "Show Me Love"). No se había secado la tinta en el contrato cuando ya se había tomado la decisión de que se trasladara a Nueva York, viviendo con Evan Rogers y su esposa, y trabajando día y noche los siguientes tres meses para completar el que sería su álbum debut: *Music of the Sun*. También tuvo oportunidad de trabajar con otros artistas, siendo invitada en el cuarto álbum de estudio de Memphis Bleek, *534*. Sin embargo, esta fue una distracción menor del trabajo a mano: crear la imagen de Rihanna tanto dentro como fuera de los discos.

"Al principio, en verdad era estricto para mí. Teníamos una base de fanáticos jóvenes, y estaban tratando de mantenerme fresca. Deseaba ser atrevida, la actitud, todas esas cosas que soy."

Rihanna

> *"Cuando oí por primera vez 'Pon de Replay', no quería cantarla porque era muy de sonsonete y muy... lo que sea. Pero después que empecé a grabarla, improvisé con ella y empezó a gustarme."*
>
> *Rihanna*

El primer álbum

Hasta el momento en que se estableció como estrella, Rihanna tuvo que aceptar que necesitaba ser moldeada por aquellos que la conocían mejor. En el estudio, esto significaba grabar cualquier cosa que le pusieran enfrente. Siendo "Pon de Replay" un punto de partida obvio, se decidió que el álbum del debut debía tener influencia del reggae, ya que Rihanna sería promocionada en círculos de reggae debido a su herencia caribeña, aun cuando era Jamaica, y no Barbados, la que se asociaba con más facilidad con esa música.

"Pon de Replay"

Rihanna oyó por primera vez "Pon de Replay" durante sus primeras discusiones con el productor Evan Rogers y no la impresionó. Pero Rogers la convenció de que sería un éxito y, de mayor importancia, era una canción que tanto Jay-Z como Def Jam sentían que sería el lanzador ideal para su carrera. Como predijeron Jay-Z y LA Reid, "Pon de Replay" se volvió un enorme éxito internacional. En Estados Unidos, nuevo hogar de Rihanna, el sencillo subió con rapidez las listas de *Billboard*, llegando al número 2; "Pon de Replay" tuvo igual éxito en el Reino Unido. Por más decepcionante que pudiera ser no estar en primer lugar, no había tiempo para abatirse, ya que su álbum inicial también estaba llegando a las tiendas a fines de agosto y la respuesta del público determinaría si Rihanna sería la próxima sensación o una noticia vieja.

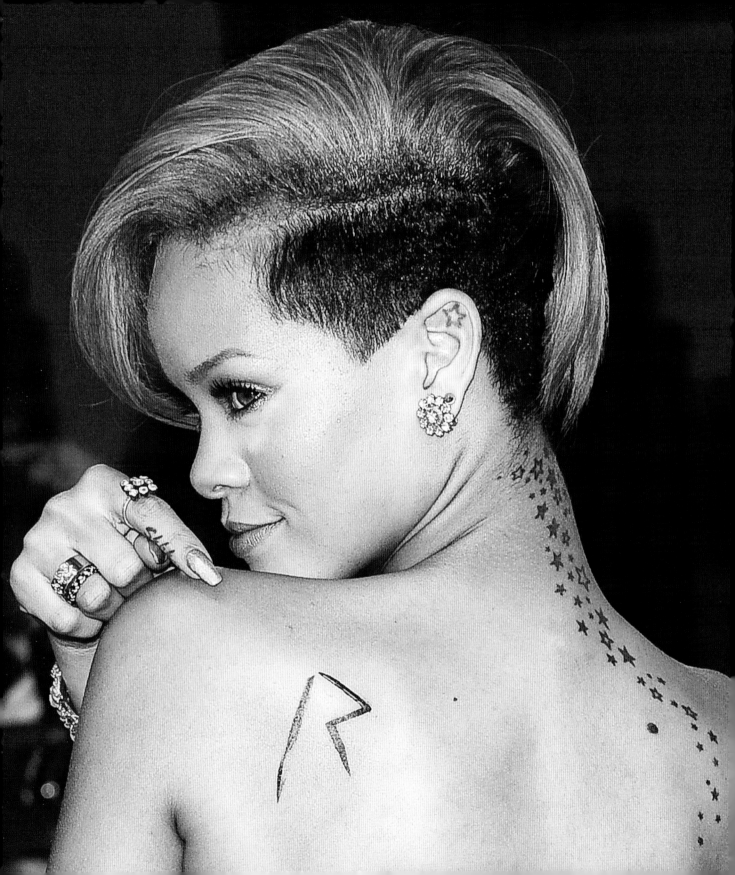

> *"Nunca había soñado con que mi carrera sería tan exitosa. Crecí en un hogar promedio en Barbados, y no vivíamos en el mejor vecindario."*
>
> *Rihanna*

Music Of The Sun

Music Of The Sun es un álbum que salta de un estilo musical a otro, abarcando dancehall, R&B y hip-hop, tratando un minuto de establecer a Rihanna como la nueva diva del dancehall en pistas como *"Pon de Replay"* y "You Don't Love Me", *y* la siguiente por el mismo camino musical que Beyoncé en los números de R&B pesado "Let Me" y "Rush". Colaboraciones con J-Status, Vybz Kartel, Kardinall Offishall y Elephant Man aseguraron el interés del mercado del hip-hop, mientras la contribución de Rihanna fue la de una vocalista más que competente. Por suerte, números como "Now I Know" y "Last Time" apuntaban hacia un futuro brillante y permitieron a Rihanna demostrar que había una voz excepcional detrás de las artimañas de estudio. *Music Of The Sun* vendió más de 500,000 copias en Estados Unidos, alcanzando el número 10 en la lista de las mejores 200 de *Billboard* y otorgándole a Rihanna un disco de oro. En el Reino Unido, el álbum apenas entró a los primeros 40, pasando una solitaria semana en el número 35.

Una chica como Rihanna

El trabajo en *A Girl Like Me* comenzó en septiembre de 2005, apenas un mes después del lanzamiento del anterior. Esta vez las colaboraciones fueron de J-Status, Dwane Husbands y Sean Paul, y el material abarcó el mismo territorio de dancehall y hip-hop que *Music Of The Sun*. Una gran diferencia fue el hecho de que Rihanna pudo aportar sus propias ideas en la creación del álbum, discutiendo con

"Ne-Yo es de las personas más, más dulces que he conocido, con las que he trabajado. Es un compositor sorprendente. Así que al fin nos encontramos y él es como: Sí, hagamos algo."

Rihanna

Reid la idea de incorporar un aire de rock a la mezcla final. También fue idea de Rihanna trabajar con Ne-Yo, compositor al que admiraba mucho por su trabajo con artistas como Mario. De hecho, Ne-Yo y Rihanna habían comentado la colaboración mientras se grababa *Music Of The Sun*, pero no había sido el momento adecuado.

Variaciones sobre un tema

Mientras *Music Of The Sun* se grabó en tres meses, trabajando casi a diario, el siguiente álbum se grabó aquí y allá, adecuando las sesiones de grabación a la promoción del álbum debut. Fueron horas de locura, ya que Rihanna tenía presentaciones en vivo y luego volaba para grabar una pista tras otra. Aunque las sesiones de grabación fueron fragmentadas; hubo un tema que mantuvo la cohesión del álbum, con el interés de Rihanna de expresar lo que era ser "una chica como yo". A ella se le ocurrió el título del álbum y también pudo usar sus propias experiencias, incluyendo una gira como telonera de Gwen Stefani, para ayudar a crear tres de las canciones. No es sorprendente que el álbum tuviera más de Rihanna que el anterior.

Éxito de SOS

El primer sencillo del álbum fue "SOS", escrita por Evan Bogart y Jonathan Rotem. Aunque Rihanna no conocía "Tainted Love" de Soft Cell, la cual le da a la canción la base rítmica, estaba claro que la combinación de lo nuevo y lo viejo era una fórmula ganadora, y era probable que "SOS" obtuviera una acción considerable en los clubes. Se hicieron tres videos de la canción, incluyendo promocionales en apoyo de Agent Provocateur y Nike.

"[A Girl Like Me es] un álbum muy personal; es mi bebé. Se trata de todo lo que es ser una chica como yo..."

Rihanna

Los factores comerciales eran un área importante de la promoción de la música, y la compenetración instantánea de Rihanna con los jóvenes la hicieron una "vocera" ideal para una gran variedad de marcas.

La cima del pop

Lanzada como sencillo el 7 de marzo de 2006, "SOS" recibió una aceptación instantánea en la radio, ayudada por su inclusión en la banda sonora de la película *Triunfos robados 3: Todo o nada,* en la que Rihanna también tuvo un cameo. El resultado fue un éxito seguro, ascendiendo en la lista de *Billboard* y desbancando a "Bad Day" de Daniel Powter. "SOS" se convirtió en el primer éxito de Rihanna en la lista estadounidense y estuvo tres semanas en el número 1, aumentando la demanda del segundo álbum. Al sencillo también le fue bien internacionalmente, ocupando el número 2 en el Reino Unido, donde no pudo desplazar a "Crazy" de Gnarls Barkley, y ascendiendo en las listas en varios mercados clave. La promoción para *A Girl Like Me* empezó lo mejor posible, con Rihanna en camino de capturar las listas y los corazones en todo el mundo.

Por segunda vez

A Girl Like Me se lanzó apenas ocho meses después del álbum debut de Rihanna y vendió 115,000 copias en su primera semana; casi el doble de las ventas iniciales del

"Estábamos tan ocupados promoviendo el primer álbum mientras tratábamos de hacer este, trabajando algunas horas locas. Por ello este álbum es algo tan cercano a mí, porque en verdad puse mi corazón y alma en él."

Rihanna

"Tan solo sentimos que era tiempo. No tenía sentido esperar... Es lo maravilloso del negocio de la música. Cuando sientes que es tiempo, tan solo te lanzas por ello."

Rihanna

debut. El éxito del segundo álbum y sus sencillos, incluyendo "SOS", aseguró un interés instantáneo, y *A Girl Like Me* apareció en el número 5 en la lista de *Billboard*; vendió más de 1.3 millones de copias, dándole a Rihanna un disco de platino de la RIAA. En el Reino Unido, el álbum debutó en el número 6 en abril de 2006, y luego superaría esta marca mientras disfrutaba una reactivación del interés con el lanzamiento del segundo sencillo. El álbum vendió casi 600,000 copias en el Reino Unido, con lo que obtuvo un premio de platino. En efecto, el éxito de ventas de *A Girl Like Me* (vigésimo lugar de los álbumes más vendidos en el mundo en 2006) demostró que un álbum no tiene que ser aclamado por la crítica para ser aceptado ampliamente.

Vendedora constante

Fue el toque personal el que hizo tan popular el álbum entre el público comprador de discos de Rihanna. Mientras los críticos dudaban, el público no tuvo problemas para aceptar a Rihanna y la música que producía, convirtiéndola con rapidez en una jugadora importante en las listas de todo el mundo. El segundo sencillo, "Unfaithful", se volvió un éxito de los primeros 10 en muchos lugares, incluyendo Estados Unidos (número 6) y el Reino Unido, donde entró en la lista en el número 16. Luego se vio envuelta en una batalla que duró una semana con McFly por el primer puesto, perdiendo por un puñado de ventas y teniendo que conformarse con el número 2. Logró una especie de compensación cuando el álbum subió en las listas para alcanzar un nuevo máximo en el número 5 gracias al éxito continuo de este sencillo.

Cabalgando a la recompensa

"We Ride" fue elegida como el tercer sencillo del álbum en muchos territorios, aunque tuvo una recepción poco entusiasta. En Estados Unidos llegaron incluso a lanzar como cuarto sencillo del álbum "Break It Off" en diciembre de 2006. Con la aparición como invitado de Sean Paul, "Break It Off" colocó a Rihanna en el número 9. Este lugar en la lista fue más notable por el hecho que el sencillo no tenía video que lo acompañara. En 2006, Rihanna recibió premios por mejor acto de R&B tanto en MOBO como en los MTV Europe Music

"El **mejor consejo** que me han dado es: *Mantén cerca* de ti a **buenas personas**, porque si tienes un **círculo** *fuerte*, entonces es **difícil** que entre la **negatividad** .

Rihanna

> *"Hemos estado preparándonos para la gira por unos cuantos meses, aportando ideas diferentes y cosas fenomenales que podemos hacer."*
>
> *Rihanna*

Awards, lo que indica que, en lo que respecta a Europa, había hecho la transición a la categoría de superestrella. Además de estos premios prestigiados hubo nominaciones a mejor artista nueva y selección de los espectadores de los MTV Video Music Awards. Rihanna se volvería una presencia regular en las ceremonias de entrega de premios en los años por venir.

Encabeza su gira

Para mediados de 2006 Rihanna fue considerada lista para encabezar su propia gira. Empezando en San Francisco, la gira recorrería Estados Unidos, Canadá y Jamaica con unas 36 fechas entre el 1 de julio y el 29 de septiembre. Presentando a Ciara, Trey Songz y J-Status como teloneros (se seleccionó un total de siete actos diferentes); la gira también abarcó varios festivales, incluyendo el Reggae Sumfest. Habiendo dado los primeros pasos tentativos como acto principal, Rihanna fue parte del Rock Tha Block Tour y se unió a The Pussycat Dolls para su PCD Tour en el Reino Unido y más adelante con The Black Eyed Peas. Estas dos giras en particular expusieron a Rihanna a un público nuevo por completo.

Un cambio de dirección

Rihanna puede haberse abierto paso con el sabor definido de reggae de "Pon de Replay" y el sentimiento general de su segundo álbum, pero sabía mejor que nadie que su música y

"Ese álbum que escuché todo el día y toda la noche. Cuando estaba en el estudio ese era el álbum que escuchaba todo el tiempo y en verdad admiré que cada canción era una gran canción. Podías escuchar el álbum entero. Y pensaba: 'Tengo que hacer un álbum como este.'"

Rihanna sobre Afrodisiac

su estilo tendrían que evolucionar para mantenerse en los primeros lugares de las listas. El terreno seguro cubierto por sus primeros dos álbumes tendría que ser abandonado por el tercero. Además, aunque el reggae y el dancehall podrían ser populares para una pista o dos, no tienen la clase de atractivo que dure todo un álbum. Rihanna estaba segura de que necesitaría dejar atrás el reggae y el dancehall. En cambio, junto con la música rock que había estado escuchando desde que llegó a Estados Unidos, miró hacia un estilo mucho más urbano, enfocándose en la música que estaban produciendo algunos de sus iguales, en particular en *Afrodisiac* de Brandy.

El equipo nuevo

Antes de las sesiones de grabación para *Good Girl Gone Bad*, Rihanna se sentó con los ejecutivos de Def Jam para planear una estrategia. El álbum resultante recurriría a una reserva más grande de escritores y productores, incluyendo a Ne-Yo, Stargate, Timbaland y Christopher Stewart, al igual que los comprobados Evan Rogers y Carl Sturken. Esta combinación creó una serie de materiales de ritmo rápido y baladas, abarcando pop y dance-pop, ya que Rihanna se dirigía a un público aún más amplio. En efecto, el concepto básico para el álbum fue que debería atraer a alguien, en alguna parte, de modo que aun si un sencillo fallaba en un mercado, encontrara un nicho en otro. Rihanna también usó el éxito de los sencillos de su álbum previo como una plantilla para el nuevo álbum, con ritmos bailables subrayando la mayoría de las pistas. La prensa y el público por igual aguardaban los resultados con interés.

Comienza el aguacero

"Umbrella" se convirtió en el sencillo principal y en la pista que anunciaba la llegada de una superestrella internacional. Escrita por Christopher Stewart, Terius Nash y Thaddis Harrell, la canción había sido ofrecida a Britney Spears, pero fue rechazada por su disquera debido a que creían que ya tenía material suficiente. Entonces fue considerada por Mary

"Cuando el demo [de 'Umbrella'] comenzó a sonar por primera vez, Fue algo como: 'Esto es interesante; esto es raro…' La escuché una y otra vez. Dije: Necesito esta canción. Quiero grabarla mañana.'" Rihanna

J. Blige y Taio Cruz (al parecer, él adoraba la canción pero no pudo convencer a su compañía de su valor); por suerte intervino LA Reid y señaló la pista como ideal para Rihanna. Aun con la aprobación de un ejecutivo tan alto, no era seguro que Rihanna grabara la canción, ya que Christopher Stewart expresó su reticencia de si ella era la adecuada para la pista. Por fortuna, una vez que el equipo trabajó en el estudio y Rihanna fijó la ahora famosa frase pegadiza "Ella ella", todos los presentes supieron que tenían algo especial.

Rihanna práctica

Las grabaciones para *Good Girl Gone Bad* se realizaron entre octubre de 2006 y el siguiente abril en Westlake Recording Studios en Los Ángeles. Entre los colaboradores vocales estuvieron Jay-Z, Ne-Yo, Justin Timberlake y Timbaland –todos artistas por los que Rihanna había expresado admiración y que le permitirían adoptar una imagen orientada al pop. Para este álbum, Rihanna adoptó un enfoque mucho más práctico al seleccionar el material, llegando a cuestionar el sentido de las letras de los diversos escritores si sus significados no eran obvios por completo durante la primera lectura –ella no solo deseaba cantar canciones en las que creía, sino también entender cada una de ellas. Fue en este momento, en el estudio, que Rihanna tomó al fin el control de su propio destino.

"Quiero mantener a la gente bailando pero al mismo tiempo ser conmovedora. Sientes diferente cada álbum y en esta etapa siento que quiero hacer un montón de canciones de ritmo rápido."

Rihanna

La cima del mundo

El lanzamiento de *Good Girl Gone Bad* se había anticipado con avidez debido al éxito de sus discos anteriores, pero el éxito internacional de "Umbrella" la catapultó a una arena diferente por completo. La gran cobertura radiofónica antes del lanzamiento aseguró que "Umbrella" fuera el sencillo más comentado en muchos años, con miles de pedidos anticipados. Al fin fue lanzado en Estados Unidos en marzo de 2007 y pronto ascendería sin cesar en la lista; en el transcurso de una semana de junio, saltó del número 42 al número 1, donde se mantuvo siete semanas seguidas. Repetiría el éxito en otros 27 países alrededor del mundo y obtendría reseñas positivas en casi todos los medios. La combinación de Rihanna y el rapero Jay-Z había sido nada menos que un golpe maestro.

"No sentí apresurado este álbum; llegó sin esfuerzo y sentí que era el momento perfecto. Adoro el verano y siempre saco un sencillo para el verano." Rihanna

Deja que llueva

El sencillo fue algo casi sin precedentes en el Reino Unido. La primera semana vendió más de 34,000 descargas, y Rihanna se convirtió en la primera artista femenina en entrar en las listas inglesas en una posición de liderazgo tan solo por descargas. "Umbrella" también siguió en el primer puesto la semana siguiente, aún por descargas. La siguiente semana, con el lanzamiento de la edición física, la pista se mantuvo en la cima de la lista y estaría 10 semanas seguidas en el primer lugar. Las ventas estadounidenses de *Good Girl Gone Bad* ascendieron a 162,000 unidades en su primera semana, mientras en el Reino Unido –donde debutó el álbum en el número 1– resultó el álbum de mayor venta de Rihanna, ganando cinco veces platino (ventas mayores de 1.5 millones) y permaneciendo en las listas por más de cuatro años.

"Shut Up And Drive"

Igual que los álbumes *Thriller* y *Bad* de Michael Jackson produjeron éxito tras éxito, *Good Girl Gone Bad* sería un paquete de grandes éxitos en un solo álbum, con no menos de ocho sencillos. La mayoría entraría en los primeros 20. El segundo sencillo fue "Shut Up And Drive", más orientado al rock que cualquiera de sus lanzamientos previos. Llegaría al número 15 en el Hot 100 de *Billboard*, mientras el público estadounidense lo consideraría muy diferente a sus esfuerzos anteriores. Se desempeñó mejor en el Reino Unido, llegando

"¿Estoy cansada de cantar 'Umbrella'? No, no creo que me canse de ella porque significa mucho para mí. Cada vez que oigo los primeros compases la siento como nueva." Rihanna

al número 5 mientras "Umbrella" seguía entre los primeros 20 y descendía despacio en la lista.

"Hate That I Love You"

Como si quisiera demostrar las diferencias en ocasiones sutiles entre lo que hace exitoso a un sencillo en Estados Unidos y en el Reino Unido, "Hate That I Love You", que incluía a Ne-Yo, invirtió su desempeño en las listas en ambos lados del Atlántico. En Estados Unidos regresó a Rihanna a los primeros 10, llegando al número 7 y entrando a los primeros 20 en más de 15 países. Esto incluyó al Reino Unido, donde tuvo que conformarse con una posición final más modesta, en el número 15, aun cuando Rihanna la cantó en el Royal Variety Show. Mientras, "Umbrella" aún rompia récords y recibía premios, obteniendo dos premios en los MTV Video Music Awards, por video del año y sencillo monstruo del año, en septiembre de 2007 –y este no sería el fin de los galardones que ganaría esa canción.

"Al empezar, piensas que es una canción sexy, pero tienes que escuchar la letra. En verdad es una canción profunda."

Rihanna sobre "Hate That I Love You"

Dominio mundial

En septiembre de 2007, Rihanna inició su gira mundial *Good Girl Gone Bad*, presentando unos 80 conciertos en 5 continentes en 15 meses. Este calendario agotador también tenía que darle tiempo para acudir a varias presentaciones, como los American Music Awards en Los Ángeles en noviembre de 2007. A pesar de competir con Beyoncé y Fantasia como artista femenina favorita de la categoría Soul/R&B, Rihanna se llevó el premio en la noche. Los premios Grammy, celebrados a principios de año, la honraron con no menos de cuatro nominaciones: mejor colaboración rap/canción y disco del año (ambas por "Umbrella"), mejor grabación dance (por "Don't Stop The Music") y mejor actuación vocal R&B a dúo (por "Hate That I Love You", con Ne-Yo). Además, "Umbrella" fue nominada por canción del año y canción R&B del año para sus escritores.

"Es un álbum muy vanguardista. Cada **canción** *tiene un elemento de un* **género** *diferente. Tenemos influencias de* **rock,** **caribeñas,** *algo de* **pop,** *así como aires de los* **ochenta."** *Rihanna*

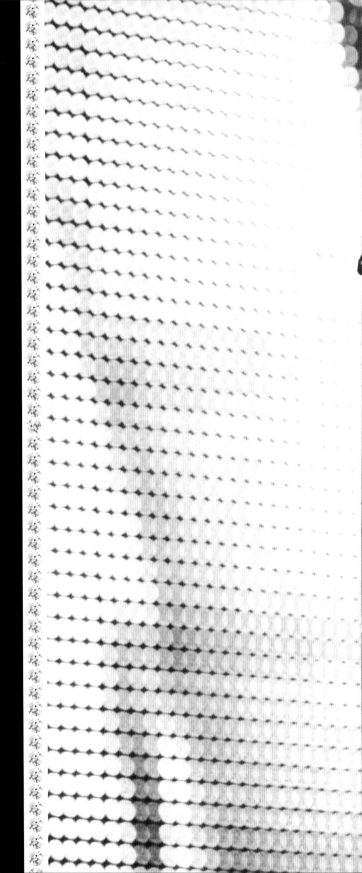

No paren los éxitos

Basada en un sampler de "Wanna Be Startin' Somethin'" de Michael Jackson, "Don't Stop The Music" fue el siguiente sencillo del álbum. Más orientada al dance que canciones previas, ya había probado su valor ganando una nominación al Grammy y llegando al primer lugar de las listas Hot Dance Club Play de *Billboard* antes de lanzarse. Se abrió camino a los primeros 10 en todo el mundo, terminando en el número 3 en Estados Unidos gracias a más de 3 millones de descargas. En varios territorios fue su sencillo más exitoso hasta la fecha, subiendo en las listas en Austria, Bélgica, Francia, Alemania, Luxemburgo, Países Bajos y Suiza. En Inglaterra llegó al número 4, obtuvo otro disco de oro y pasó 31 semanas en la lista. De seguro no ibas a un club o encendías la radio sin oírla.

"Nos imaginamos que Good Girl Gone Bad era el título perfecto porque mostraba a la gente que ahora soy mi propia persona. Ya no soy la Rihanna inocente. Estoy corriendo más riesgos y teniendo más oportunidades." Rihanna

Premio Grammy

Además de sus cuatro nominaciones al Grammy, Rihanna también había sido honrada con una invitación para actuar en la ceremonia en febrero de 2008. Tenía una oposición dura en las cuatro categorías, incluyendo "Rehab" de Amy Winehouse en disco del año y canción del año. Notando que había recibido nominaciones por más de una canción, Rihanna eligió cantar un popurrí de "Umbrella" y "Don't Stop The Music" para su actuación. Luego vino el momento de la coronación; a pesar de la feroz competencia, se anunció que el Grammy por mejor colaboración rap/canción había sido ganado por Rihanna con Jay-Z. Era el quinto Grammy para Jay-Z, pero era el primero para Rihanna. Y aunque fue el único que ganó esa noche, no sería su último Grammy.

> *"Mi primer sencillo en mi tercer álbum fue perfectamente coordinado, y fue la canción perfecta para cantar con [Jay-Z]. Tan solo estar en el plató del video, me confundió un poco... ¡es una locura!"* Rihanna

"Take A Bow"

Ya había planes para relanzar el álbum *Good Girl Gone Bad* con pistas adicionales y remixes. Antes hubo un nuevo sencillo, *"Take A Bow"*, de nuevo escrito por Stargate (Tor Hermansen, Mikkel Eriksen y Shaffer Smith). Si había un ingrediente mágico para producir un éxito, entonces al parecer este equipo lo había descubierto, ya que "Take A Bow" fue un exitazo instantáneo, entrando cuando menos en los primeros 10 en todo el mundo. Reservó su mejor desempeño para Canadá, donde registró el mayor salto dentro de la lista hasta el número 1; en Estados Unidos, donde ocuparía el primer lugar en Hot Digital Tracks, Hot

"No es que tengamos una regla sobre sacar un álbum al año. Lo que sea que esté sintiendo, lo que sea que me esté pasando, cualquiera que sea mi humor... Si tengo ganas de bailar o ir a una discoteca, entonces esto se reflejará en la música."

Rihanna

Digital Songs, Hot R&B/Hip-Hop Songs (por primera vez en su carrera), Hot R&B/Hip-Hop Airplay y Hot 100; y en el Reino Unido, donde estuvo en primer lugar por dos semanas.

Recargada

El éxito de *"Take A Bow"* había avivado el apetito por el próximo lanzamiento de *Good Girl Gone Bad: Reloaded*. En el Reino Unido, el álbum original había caído hasta el número 66 en la lista de álbumes en mayo, pero la llegada repentina de la versión remezclada y extendida le dio nueva vida, regresándolo a los primeros 10 el 28 de junio y manteniéndolo dentro de los primeros 20 los siguientes cinco meses. El éxito de otros sencillos tendría un efecto constante en el álbum, el cual disfrutó un aumento vertiginoso en las ventas con cada nuevo lanzamiento. En Estados Unidos hubo un resultado muy parecido; la semana en que salió la nueva edición, saltó del número 124 al 7 en los primeros 200 de *Billboard*: ¡un incremento de 930% en las ventas! No es de extrañar que terminara el año como uno de los álbumes de mayor venta.

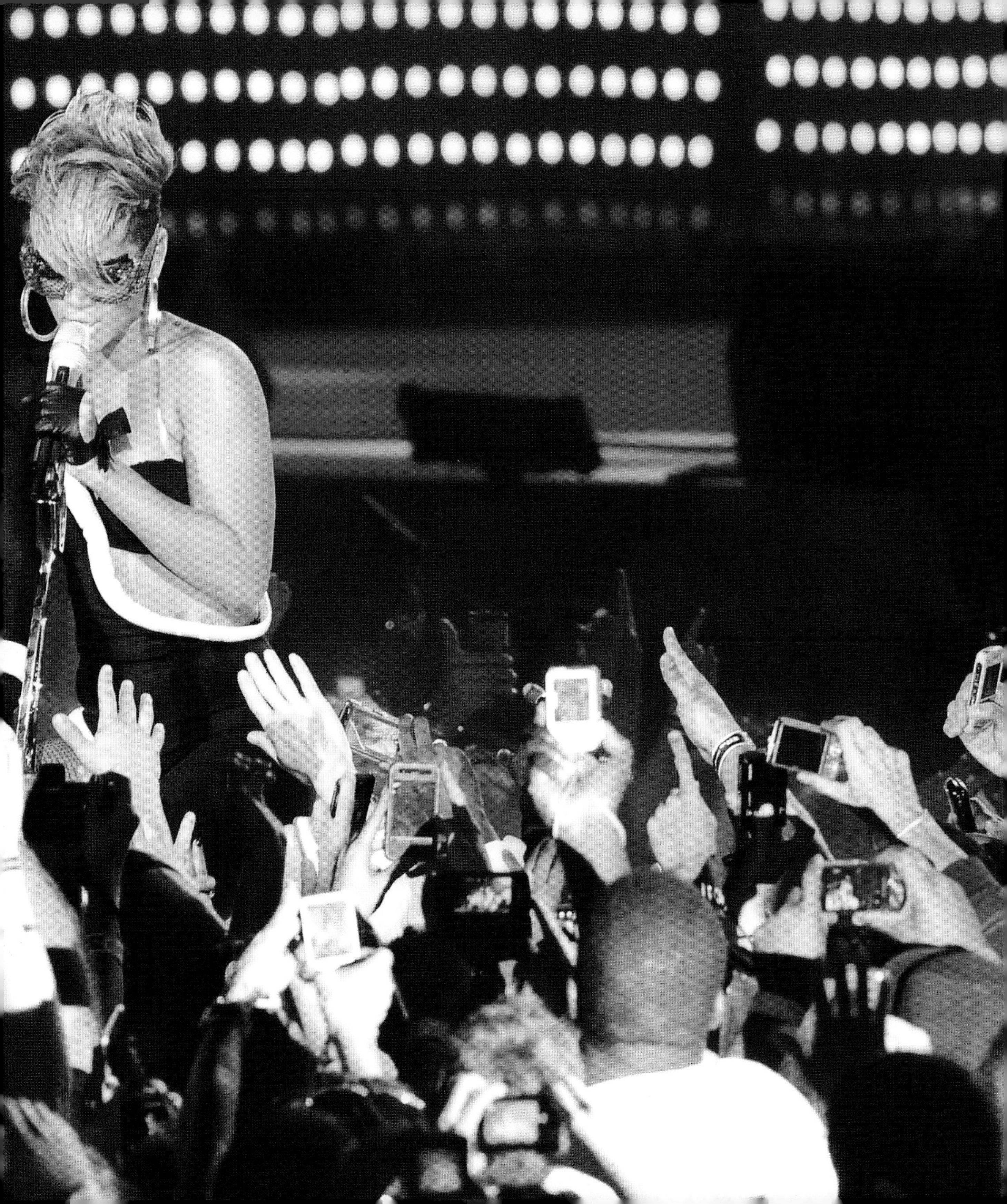

Remix

"If I Never See Your Face Again" fue escrita originalmente por Adam Levine y James Valentine de Maroon 5 y grabada para su álbum de 2007 *It Won't Be Soon Before Long*. En alguna parte del trayecto, Adam Levine construyó la canción de modo que líricamente fuera una batalla de los sexos y buscó una artista adecuada con quien hacer un remix. Como Maroon 5 había asistido a varias de las actuaciones de Rihanna y descubrieron que había una admiración mutua, tenía sentido acercarse a ella para ver si deseaba hacer una colaboración. Rihanna anunció más tarde que estaría honrada de participar, mientras Adam declararía: "Suena cursi, pero si hay magia, si hay química, ni siquiera tienes que pensarlo." La nueva versión de "If I Never See Your Face Again" fue cantada en vivo por primera vez en MTV y fue bien recibida, llevando al final a su lanzamiento como sencillo.

"Siempre había sido admiradora de Maroon 5. Adoro la energía de la canción, y la letra es cojonuda, así que estaba emocionada por hacerlo."

Rihanna

> *"Hacer el video fue divertido, pero era difícil estar seria para las escenas seductoras porque Adam y yo somos amigos. Estallábamos en risas en cada toma —esa fue la mejor parte."*
>
> *Rihanna*

Problema menor

Rihanna ha dicho que el video que hizo con Maroon 5 para apoyar el sencillo, dirigido por Anthony Mandler, es uno de sus favoritos y que disfrutó toda la experiencia de filmarlo. A pesar de ser fuerte, ya que ella y Adam coquetean todo el tiempo, al sencillo no le fue tan bien como se esperaba de la combinación de dos cantantes tan populares. En Estados Unidos el sencillo llegó al número 51 y en el Reino Unido tuvo que conformarse con terminar en el número 28 –el nivel más bajo de un sencillo de Rihanna hasta ese punto. A pesar del fracaso relativo del sencillo, el público siguió comprando el álbum *Reloaded* en masa, dando como resultado otra aparición en los primeros 10 del Reino Unido. Era el momento de liberar otro monstruo en "Disturbia".

Ganadora de vuelta

Casi tan pronto como quedó claro que "If I Never See Your Face Again" no iba a ser un sencillo monstruo, se planeó el lanzamiento de una pista nueva de *Reloaded*. "Disturbia" fue escrita por el entonces novio de Rihanna y colega cantante Chris Brown, junto con Brian Kennedy Seals, Andre Merritt y Robert Allen. Originalmente era para el mismo Chris, pero el equipo decidió que era más adecuada para una cantante mujer y por tanto se la ofreció a Rihanna. Ella aceptó la canción de inmediato, llegando a presentársela en persona a LA Reid para convencerlo de que no solo deseaba grabarla, sino que también quería lanzarla como sencillo. Reid accedió

> *"Fue la primera vez que Rihanna vino a mí y dijo: 'Esta es la canción que quiero sacar.' Eso fue que ella estaba tomando el control. Ella está en una posición en la que puede hacerlo."* L.A. Reid

como era de esperarse, notando que Rihanna mostraba un buen conocimiento de lo que constituiría un éxito.

"Disturbia"

Lanzado el 17 de junio como sencillo digital en Estados Unidos, "Disturbia" generaría más de 3 millones de descargas en ese país (desde entonces, ha llegado a la marca de los 4 millones) y reemplazaría a "I Kissed A Girl" de Katy Perry en la cima de la lista de sencillos. En el Reino Unido, las ventas digitales y físicas bastaron para impulsar el sencillo al número 3 (detrás de "Pjanoo" de Eric Prydz y de Perry) y le permitió rondar las listas por más de nueve meses –el tercer sencillo de Rihanna en lograr esta hazaña. "Disturbia" también recolectó más premios por ventas para colocarlos en el para entonces atiborrado aparador de la cantante, alcanzando categoría de oro en el Reino Unido. También obtendría logros similares en todo el mundo al entrar en los primeros 10 en 15 países europeos y llegar a la cima en las listas de Nueva Zelanda.

"Rehab"

Las ventas de Rihanna y su álbum *Good Girl Gone Bad: Reloaded* continuaron mostrando pocas señales de disminuir, instigando el lanzamiento de un octavo sencillo del álbum: "Rehab", presentando a Justin Timberlake. Al mismo tiempo, Rihanna podía ser escuchada como invitada en el sencillo de T.I., "Live Your Life", con lo que entró por dos flancos en las listas del mundo. "Live Your Life" se desempeñó mejor, llegando a la cima de las listas estadounidenses por seis semanas, mientras "Rehab" tuvo que conformarse con el número 18. En el Reino Unido sucedió más o menos lo mismo: "Live Your Life" llegó al número 2, mientras "Rehab" obtuvo un más modesto número 18. Pero una vez más el álbum *Reloaded* obtuvo atención, llegando al número 2 en la lista de álbumes del Reino Unido – tentadoramente cerca del máximo puesto, pero incapaz de desplazar a Kings of Leon.

*"[Justin] escribió la **canción** en su cabeza. No escribió nada en papel. Entró a la cabina y la cantó y yo estaba muy impresionada. A todos nos*

encantó." Rihanna
La cuenta final

Si hay un álbum que reivindicó la decisión de un artista de tener mayor control sobre su carrera y destino, ese álbum es sin duda *Good Girl Gone Bad*. La versión original vendió un total combinado de más de 2.6 millones de copias tan solo en Estados Unidos. En el Reino Unido, las ventas no se quedaron atrás, con 1.7 millones de copias. Las ventas totales mundiales alcanzaron 5.8 millones, con lo que fue el tercer álbum de mayor venta en el mundo lanzado en 2007 (solo superado por la banda sonora de *High School Musical* y *Minutes To Midnight* de Linkin Park). No sorprende que Def Jam se apresurara a asegurar un contrato más largo para la artista descrita como "Diva del Año" para 2008.

Derrotando a Mariah

Al finalizar 2008, hubo más premios y nominaciones que reflejaron el éxito de Rihanna. Noviembre de 2008 vio a la cantante irrumpir en los American Music Awards con la victoria en la categoría de artista femenina favorita de soul/R&B, siendo la primera mujer en ganar premios consecutivos en esta categoría desde que Natalie Cole y Aretha Franklin lograron esta hazaña en los setenta. Pero era indicativo de las incursiones que Rihanna había hecho en la música pop –y no solo en R&B/soul– que también hubiera sido nominada en la categoría de artista femenina favorita de pop/rock. Habiendo cantado "Rehab" en el programa,

"Una cosa es grabar un álbum pero es una enorme diferencia cuando la gente lo toca y lo escucha y lo adopta en la forma en que yo lo hago."

Rihanna

transmitido en vivo desde el Nokia Theater en Los Ángeles el 23 de noviembre, se anunció que la ganadora en esta categoría no era ni Mariah Carey ni Alicia Keys (quien también enfrentó a Rihanna en la categoría de R&B/soul); era Rihanna.

Más nominaciones

Habiendo encabezado la mayoría de las encuestas anuales de las revistas (sobre todo, listas de fin de año como Top Pop Artist–Female para sencillos y álbumes; Top Hot 100 Singles Artist–Female; Top Pop 100 Artist; Top Digital Songs Artist; Top Hot Mainstream Top 40 Artist y Top Hot Dance Airplay Artist de *Billboard*), Rihanna también esperaba el espectáculo de los próximos premios Grammy en los que se presentaría. Había sido nominada en tres categorías: mejor colaboración pop con vocales por "If I Never See Your Face Again" con Maroon 5; mejor grabación dance por 'Disturbia'; y mejor video musical largo por *Good Girl Gone Bad Live*. Una vez más, la diversidad de las nominaciones mostraba que Rihanna estaba ampliando su atractivo más allá de su base de admiradores inicial de R&B hacia todas las áreas del mercado musical.

"Para mí, esta canción [Rehab'] es el puente para que ella sea aceptada como adulta en la industria musical."

Batallas de otro tipo

"Entre más nos enamoramos, más peligrosos nos volvimos uno para el otro, igualmente peligrosos. Él era mi mejor amigo, la persona que amaba. Pasamos dos años de nuestra vida juntos." Rihanna

Mientras los grandes de la industria musical se reunían en el Staples Center en Los Ángeles el 8 de febrero de 2009 para los Grammy, hubo una ausencia notable: Rihanna. Sus asistentes anunciaron que había cancelado su presentación programada y decidió en ese momento no abundar en las razones por las que no se presentaría. Con mucha de la publicidad después de la ceremonia enfocándose en el éxito de Alison Krauss y Robert Plant, quienes en conjunto ganaron cinco premios, hubo algo de especulación sobre por qué se había retirado Rihanna. Algunos razonaron que era porque no ganó nada y por tanto no tenía nada que recoger en la noche, aunque Rihanna no sabía que iba a terminar la noche con las

manos vacías. Entonces, casi un mes después del evento, se reveló la noticia que su novio Chris Brown había sido acusado de agresión y amenazas criminales.

La historia completa

Gradualmente se reveló una historia más completa y detallada de los eventos que llevaron a Rihanna a cancelar no solo su aparición en los premios Grammy, sino también en los premios Image de la NAACP y la etapa asiática de su gira. Rihanna había sido víctima de una agresión de Brown el día de la presentación y la había dejado visiblemente golpeada y con moretones, y por supuesto no estaba en condiciones de cantar ni aparecer en público en ese momento. Al final, Brown sería sentenciado a cinco años de libertad provisional, un año de asesoría sobre violencia doméstica y seis meses de servicio comunitario. También había una orden de restricción por cinco años en su contra, que requería que se mantuviera a 46 m de distancia de Rihanna, o 9 m siempre que los dos estuvieran en el mismo evento público. La agresión tuvo un gran impacto en Brown, ya que su música fue suprimida de las listas y se canceló una gira por el Reino Unido al negársele la visa.

El lado de Rihanna

Aunque la agresión original había sido terrible, al principio parecía que Rihanna no quería continuar con el asunto. Ciertamente no fue Rihanna quien lo denunció a la policía; fue

"No deseo en absoluto estar con él. No veo cómo podríamos volver a estar juntos. Pero no soy Dios, así que no puedo predecir el futuro." Rihanna

el mismo Chris Brown quien alertó a los medios sobre el problema. En efecto, por un tiempo parecía que la pareja podría reanudar su relación, la cual ambos admitían que había sido volátil. La orden de restricción efectivamente le puso fin a esto. Más tarde, en noviembre de 2009, Rihanna apareció en el programa *20/20* con Diane Sawyer y habló sobre los eventos de esa noche, confirmando que su relación con Chris Brown había terminado para siempre.

De vuelta a la música

Rihanna tenía poco tiempo para afligirse por el incidente con Chris Brown porque, un mes después que canceló su aparición en los Grammy, tenía que empezar a trabajar en su cuarto álbum, titulado al final *Rated R*. Una vez más, se trajo a una amplia reserva de escritores y productores para hacer el álbum, cada uno de los cuales tenía sus propias ideas sobre cómo Rihanna debía progresar de su álbum previo. Ne-Yo sentía que, aunque no podía escribir una canción que tratara específicamente sobre Rihanna y Chris Brown –en parte porque era amigo de Brown–, podía canalizar la ira que debía sentir Rihanna para ventaja de ambos. Creía que podía confeccionar un álbum más tenso y enfadado para ella. Entre tanto, Akon deseaba producir material en el otro extremo del espectro, relajando su imagen. Las batallas entre los equipos ciertamente produjeron un lote interesante de canciones para que Rihanna las grabara…

"Aun si Chris no me golpeara de nuevo, ¿quién asegura que el novio de ellas no lo hará? Estas son chicas jóvenes, y yo no me percataba cuánto impacto tenía yo en la vida de estas chicas hasta que sucedió. Fue un toque de atención."

Rihanna

Rated R

Aunque Ne-Yo declaró que no escribiría una canción sobre las batallas domésticas de Rihanna, los medios y los críticos inspeccionaron atentamente el contenido de *Rated R* y trataron de establecer un vínculo entre cada canción y el incidente. ¿De qué trataban "Stupid In Love", "Cold Case Love" o "Rude Boy" si no eran sobre la relación de Rihanna con Chris Brown? Aparte de la inspiración para las letras, el álbum en general era más duro que sus predecesores. Aunque esto pudo ayudar a su desempeño en Estados Unidos, fue en detrimento del álbum en el mercado internacional. *Rated R* vendió 181,000 copias en su primera semana en Estados Unidos, superando a su mejor previo por unas 13,000 copias. El álbum llegó al número 4 en los primeros 200 de *Billboard*, convirtiéndose en el cuarto de sus álbumes en llegar a los primeros 10 y en segundo lugar solo tras su predecesor inmediato en cuanto a desempeño en la lista. *Rated R* sería disco de platino, aunque al final las ventas fueron menos de la mitad de las de *Good Girl Gone Bad*.

"Run This Town"

Mientras se completaba el material de *Rated R*, Rihanna halló tiempo para trabajar con Jay-Z y Kanye West en el sencillo "Run This Town". Presentando a los tres nombres más grandes en el mundo musical de la época, fue, de

acuerdo con Jay-Z, el prestigio de los tres artistas el que inspiró la canción. "Básicamente dirigimos este pueblo. Yo mismo, Rihanna y Kanye West. Así es más o menos." El resultado nunca estuvo en duda: un éxito que llegó a la cima de las listas en el Reino Unido por una sola semana y alcanzó el número 2 en Estados Unidos, donde se volvió el éxito más grande de un sencillo de Jay-Z en tres años.

Debate en Twitter

Rihanna usa regularmente su cuenta de Twitter (@rihanna, establecida en octubre de 2009) para estar en contacto con sus admiradores y es de las pocas estrellas pop en control completo de su cuenta. A cambio, tiene cerca de 7.5 millones de seguidores. También es de las únicas estrellas pop que responden a sus detractores. Sus primeras 10 réplicas a los mensajes abusivos tienen una sección especial en su sitio web. Pero en mayo de 2011 sus admiradores se conmocionaron al ver que no solo su ex novio Chris Brown la seguía en Twitter, sino que ella también lo estaba siguiendo a él. No estaban felices de ver que su cantante favorita mostraba signos de reconciliación con su abusivo ex, aunque solo fuera en una red social. Un admirador incluso la retó por seguir a su violento ex novio, twiteándole: "¡Nunca pensé que regresarías con él! Es mejor que no lo hagas, es tu vida, pero tienes [gente] que te admira, p.ej. muchachas jóvenes."

"En verdad me gustó el auge [de Rated R], su mugre. Pero si combinara esto con un ritmo pop más vigoroso, entonces creo que sería un matrimonio feliz." Rihanna

"Las personas van por sus carreras soñando con una colaboración con Jay-Z y aquí estoy… es muy tensionante pero muy emocionante."

Rihanna

Ri manda en Facebook

Si el estrellato se midiera por los admiradores que tienes en Facebook, entonces Rihanna vería a su competencia desde las alturas. Aunque Lady Gaga fue la primera en llegar a diez millones, Rihanna la superó en el verano de 2011 cuando ambas damas rebasaban vertiginosamente la barrera de los 40 millones en la popular red social. Se cree que la cuenta de Ri es actualizada por uno o más prestanombres, y como resultado carece del toque personal de su cuenta de Twitter, pero no hay duda de que entiende el valor de actualizar a sus admiradores en el medio que conocen, aman y usan todos los días. Tiene subpáginas para videos y música, eventos (donde los admiradores pueden decirle que irán a sus conciertos) y una galería de fotos que les permite a los adictos a Rihanna publicar instantáneas que se tomaron con su ídolo en eventos de "encuentro".

*"¡Es el j*****o Twitter, no el altar! Cálmate."*

[Luego] "Babygirl, lo siento, no quería lastimarte u ofenderte! Solo quería aclararlo para los [admiradores]… xoxo" Rihanna

Más colaboraciones

En febrero de 2010, Rihanna ganó otro Grammy por "Run This Town", su colaboración con Jay-Z y Kanye West. Luego pasó gran parte del año grabando el álbum que seguiría a *Rated R* y apareciendo en una sucesión de sencillos y pistas en colaboración. El primero en salir fue el sencillo para ayudar a las víctimas del terremoto en Haití, en el que Rihanna se unió con Jay-Z y Bono y The Edge de U2 en "Stranded (Haiti Mon Amour)", el cual tuvo un éxito menor en el Reino Unido en febrero, pasando una sola semana en el número 41. Logró un éxito mucho mayor al asociarse con un revitalizado Eminem en "Love The Way You Lie". El matrimonio musical de Eminem y Rihanna funcionó a la perfección, dándole a este su sencillo de mayor venta desde "The Real Slim Shady" y permitiendo a Rihanna dejar atrás el tropiezo temporal que fue *Rated R.* "Love The Way You Lie" llegó a la cima en Estados Unidos y al número 2 en el Reino Unido. Pasaría 43 semanas en la lista, como prueba de su longevidad.

De nuevo en forma

Si *Rated R* había sido un álbum oscuro, en gran parte escrito y grabado a raíz de sus problemas con Chris Brown, entonces, por lo que se refería a Rihanna, era tiempo de volver y divertirse un poco. Ese era el plan de juego que les dio a los varios escritores y productores responsables de crear *Loud*; era tiempo de disfrutar la grabación de nuevo.

Rihanna adoptó un enfoque más participativo en el álbum, como productora ejecutiva y por tanto responsable casi por completo de la forma en que el álbum sonaba, lucía y se desempeñaba. Sobre todo, tenía que ser un álbum exitoso, que demostrara a sus admiradores que podían confiar aún en que estaba del lado de los buenos; cada pista tenía que destacar como un sencillo potencial, sin material de relleno.

Una grabación emocionante

A diferencia de álbumes anteriores, *Loud* se grabó en una gran variedad de estudios, ya que Rihanna tenía que adecuar las sesiones de grabación a su gira Last Girl On Earth. Las sesiones iniciaron en febrero de 2010 y, con el lanzamiento del álbum programado para noviembre, tenía que estar concluido para agosto, lo cual hizo que se tuviera un programa de grabación extremadamente febril. Tendría que haber una mayor coherencia en este álbum que en todos los anteriores, aun cuando se escribieron para él unas 200 canciones antes de que se escogieran las 11 mejores. Def Jam declararía que habían usado *Thriller* de Michael Jackson como plantilla –el álbum estaba lleno de sencillos potenciales.

Una chica única

El sencillo principal elegido fue "Only Girl (In The World)", escrito por Crystal Johnson, Stargate y Sandy Vee; Rihanna estaba tan confiada con esta canción que la seleccionó como

*"Creo que mucha gente tiene una **percepción errónea** de mí. Solo ven el lado **duro, defensivo, agresivo**. Pero toda mujer es **vulnerable**. Así que por supuesto voy a tener **ese** lado."* Rihanna

sencillo potencial desde antes de grabarla. Inspirada en parte por la falta de material de ritmo rápido en el álbum previo, fue la primera canción completada para el nuevo álbum y se eligió como el sencillo principal casi de inmediato. "Only Girl In The World" no defraudó la confianza que pusieron en ella, llegando al primer lugar en las listas del Reino Unido (por dos semanas) y de Estados Unidos (por una semana, aunque esto se logró tras el éxito del segundo sencillo, "What's My Name?"). Alcanzaría categoría de platino en ambos territorios, haciéndolo uno de los sencillos más exitosos de Rihanna de todos los tiempos y demostrando que ella estaba de regreso a su estilo ganador.

"Llamé a mi nuevo álbum Loud porque era en verdad un álbum divertido, expresivo, y loud (ruidoso) era la palabra perfecta para simbolizar eso. Nos divertimos todo el tiempo. Y se oye esto cuando escuchas las canciones." Rihanna

> *"Solo voy a ser yo, porque eso es lo que aman más los chicos, y eso es lo que me hace sentir mejor. Solo ser normal; normal para mí es ¡Fuerte! Atrevida, divertida, coqueta, vigorosa." Rihanna*

Ruidoso y más ruidoso

Con "Only Girl In The World" subiendo en las listas de sencillos, llamó la atención el álbum recién lanzado –¿sería un regreso triunfante? Las expectativas fueron febriles en Estados Unidos, vendiendo 207,000 unidades la primera semana, superando lo mejor de Rihanna y colocando al álbum en el número 3 de los primeros 200 de *Billboard*, que sería su tope. De nuevo, Europa se aficionó a la nueva y revitalizada Rihanna y *Loud*, el cual entró en la lista del Reino Unido en el número 2 detrás de *Progress* de Take That. Aunque solo había cinco semanas de ventas entre el lanzamiento y el fin de año, el álbum vendió suficientes copias para ser el cuarto álbum de mayor venta del año. A las dos semanas cambió lugares con Take That, siendo el segundo álbum de Rihanna en llegar al primer puesto en la lista inglesa y pasando tres semanas en la cima. El álbum ha vendido 1.4 millones de copias en Estados Unidos, y en el Reino Unido lo superó, vendiendo increíbles 1.5 millones de copias –no muy lejos de las ventas logradas por *Good Girl Gone Bad*.

Dominio en todos los formatos

Igual que con los lanzamientos previos de Rihanna, cada sencillo sucesivo impulsó más las ventas del álbum. "What's My Name?", con Drake, segundo sencillo del álbum, fue aceptado de inmediato en la radio, tanto que rebasó a la aún ascendente "Only Girl In The World" y llegó al número 1 en Estados Unidos antes que el sencillo principal –primera vez

en la historia de las listas estadounidenses que ocurría algo así. Su avance en el Reino Unido fue más tranquilo, entrando en el número 18 el 27 de noviembre, llegando al número 2 tras el ganador de un concurso de talento de televisión, Matt Cardle, en la última lista del año y ascendiendo finalmente al primer puesto tres semanas en Año Nuevo. Con esto Rihanna tuvo primer lugar en sencillo y en álbum la misma semana y, con "Only Girl In The World" al mismo tiempo en los primeros 10, un gran dominio en la lista del Reino Unido.

> *"Grabé el álbum entero. ¡Me aseguré de no defraudarlos con mi música! Ustedes siempre me están defendiendo, así que ahora tendrán algunas canciones grandiosas para justificarlo." Rihanna*

Censuran su transmisión

El dominio fue el tema del siguiente sencillo del álbum: la abiertamente sexual "S&M". A pesar de la naturaleza de la pista, el sentimiento general fue suficiente para enviarla al número 3 en el Reino Unido y ganar un disco de plata. En Estados Unidos la pista se desempeñó aún mejor, abriéndose camino hasta el número 1 y permitiendo a Rihanna volverse la artista más joven en lograr 10 primeros lugares en la lista de Estados Unidos, adelante de Mariah Carey. Como el video fue considerado "inapropiado para algunos usuarios" por YouTube, insistieron en que los espectadores verificaran tener 18 años o más antes de verlo. La cantante misma respondió a la reacción y decisión de YouTube usando su medio de comunicación favorito, como siempre: Twitter. "Ahora pueden ver el video de 'S&M' en Rihannanow.com ¡¡¡SIN CENSURA!!!" También tuiteó, "Ellos vieron 'Umbrella'... estaba desnuda por completo."

De vuelta en la cima

Febrero de 2011 encontró a Rihanna de nuevo bajo los reflectores cuando la temporada de premios llegó a su apogeo, con no menos de cuatro nominaciones a los Grammy y programada para aparecer cantando dos veces: con Drake en "What's My Name?" y con Eminem en "Love The Way You Lie". Esta última pista había recibido no menos de cinco nominaciones en varias categorías, incluyendo mejor video y las prestigiadas disco del año y canción del año. Por desgracia, fue derrotada en las cinco, aunque ni Eminem ni Rihanna terminarían la noche con las manos vacías. Su otra nominación fue para "Only Girl (In The World)" en la categoría de mejor grabación dance. Rihanna estaba ahí para recoger el cuarto Grammy de su carrera.

"No quería retroceder y rehacer Good Girl Gone Bad. Deseaba el siguiente paso en la evolución de Rihanna, y es perfecto para nosotros. ¡Consigan Loud todos, enloquezcan, emociónense, porque estoy entusiasmada!"

Rihanna

Reconocimiento en el Reino Unido

Rihanna había sido invitada a cantar en la ceremonia de 2011 de los BRIT Awards el 15 de febrero. Cantó un popurrí de los tres grandes sencillos del álbum *Loud*: "Only Girl (In The World)", "S&M" y "What's My Name?" Buscaba originalmente cantar "S&M" tal como es, pero por las quejas sobre su atuendo en *The X Factor* en diciembre anterior y la provocativa rutina de baile, decidió suavizar el material y su apariencia. Aun así la actuación fue bien recibida y la cereza del pastel fue el premio por mejor artista femenina internacional –el primer premio BRIT que había ganado Rihanna. Quizá fue el premio más apropiado de su carrera, porque sin duda había sido la artista femenina internacional principal de los meses anteriores.

Colaboraciones y sencillos

Antes de las ceremonias de los premios Grammy y BRIT, Rihanna había aparecido en otro sencillo que tuvo un éxito importante, con el DJ y productor francés David Guetta como invitado en "Who's That Chick?", el cual fue número 6 en el Reino Unido en enero de 2011. Logró un éxito más modesto con Kanye West en "All Of The Lights", que llegó al número 15 en el Reino Unido en abril de 2011. Como para demostrar que *Loud* aún podía producir sencillos exitosos, aparecieron tres pistas más en las listas del Reino Unido durante 2011. La que

"Deseaba una mezcla de ritmos medio y rápido. Un álbum colorido. Deseaba que cada canción tuviera su propio tema, su propia historia, su propio aspecto, su propio sonido..." Rihanna

tuvo un mejor desempeño fue "California King Bed", que regresó a Rihanna a los primeros 10 y llegó al número 8, muy por delante de su máximo en Estados Unidos, donde se estancó en el número 37. También aparecieron en la lista del Reino Unido "Man Down" y "Cheers (Drink To That)". El efecto general de los sencillos de *Loud* fue regresar a Rihanna a las listas en todo el mundo.

Un campo propio

Rihanna filmaba un video para "We Found Love" en septiembre de 2011 en un campo en Irlanda del Norte cuando el propietario del campo, el granjero Alan Graham, se presentó y le ordenó que se cubriera. Cientos de admiradores y curiosos habían llegado a la granja cerca de Bangor en County Down para verla. El granjero, quien había dado permisio para filmar el video, sintió que Ri corriendo por ahí en ropa interior era "inapropiado".

Cuando "We Found Love" llegó al número 1 en octubre de 2011, Rihanna fue la primera solista femenina en ocupar el primer puesto de la lista del Reino Unido seis veces en cinco años consecutivos, habiendo colocado "Umbrella", "Take A Bow", "Run This Town", "Only Girl (In The World)" y "What's My Name?" entre 2007 y 2011. "We Found Love", la pista principal de *Talk That Talk* (su sexto álbum de estudio, lanzado en noviembre de 2011), vendió más de 87,000 copias en solo cuatro días.

Battleship en la pantalla grande

Habiendo tenido un cameo en *Triunfos robados 3: Todo o nada*, las películas parecían un área obvia para que Rihanna participara en algún punto en su carrera; después se anunció que obtuvo un papel estelar en *Battleship*, película que se estrenaría en 2012. Basada en el juego del mismo nombre, Rihanna actúa como GM2 Raikes junto a Liam Neeson, Taylor Kitsch y Alexander Skarsgård en la película de Peter Berg que contó con un presupuesto para producción de $200 millones de dólares. La filmación se realizó con un calendario apretado, junto con las giras y la planeación de *Talk That Talk*. Los años recientes han sido emocionantes y exitosos para Rihanna; los admiradores pueden esperar –y exigir– más de lo mismo.

"El éxito para mí no es un destino, es un viaje. Todos trabajamos para llegar a la cima pero, ¿dónde está la cima? Todo se refiere a trabajar más duro y mejorar y subir más y más." Rihanna

Algo más

Información vital de Rihanna

Nombre	Robyn Rihanna Fenty
Fecha de nacimiento	20 de febrero de 1988
Lugar de nacimiento	Saint Michael, Barbados
Nacionalidad	Barbadense
Estatura	1.73 m
Color de cabello	Café
Color de ojos	Avellana

Discografía
Álbumes y EPs

Music of the Sun (2005)

A Girl Like Me (2006)

Good Girl Gone Bad (2007)

Good Girl Gone Bad: The Remixes (2009)

Rated R (2009)

Rated R: Remixed (2010)

Loud (2010)

Sencillos Núm. 1

2005: "Pon de Replay" (Núm. 1)

2006: "SOS"
"Unfaithful"

2007: "Umbrella" (con Jay-Z)
"Don't Stop The Music"

2008: "Take A Bow"
"Disturbia"
"Live Your Life" (T.I. con Rihanna)

2009: "Run This Town" (Jay-Z con Rihanna y Kanye West)
"Russian Roulette"

2010: "Rude Boy"
"Love The Way You Lie" (Eminem con Rihanna)
"Only Girl (In The World)"
"What's My Name?" (con Drake)

2011: "S&M"
"Man Down"

Premios
American Music

2007: Artista femenina favorita de soul/R&B

2008: Artista femenina favorita de pop/rock
Artista femenina favorita de soul/R&B

2010: Artista femenina favorita de soul/R&B

BET

2009: Premio del público por "Live Your Life"

2010: Premio del público por "Hard"
Mejor artista femenina de R&B

BET Hip-Hop

2009: Mejor colaboración hip-hop por "Live Your Life"
Mejor video de hip-hop por "Live Your Life"

Billboard Music

2006: Artista femenina del año
Artista pop del año de los 100
Artista femenina popular del año de los 100
Canción dance popular radiada del año por "SOS"

2007*: Canción dance radiada del año por "Umbrella"

2008*: Artista femenina del año

Artista pop del año de los 100

Artista femenina popular del año de los 100

Artista principal de canción digital del año

2009: Artista principal de canción digital de la década

2010: Artista principal de dance club

Artista femenina principal

2011: Canción rap principal por "What's My Name"

(*seleccionada)

BRIT

2011: Mejor artista femenina internacional

Grammy

2008: Mejor colaboración rap/canción por "Umbrella"

2010: Mejor colaboración rap/canción por "Run This Town"

2011: Mejor grabación dance por "Only Girl (In The World)"

MOBO

2006: Mejor artista R&B

2007: Mejor acto internacional

MTV Europe Music

2006: Mejor artista R&B

2007: Urbano máximo

MTV Video Music

2007: Sencillo monstruo del año por "Umbrella"

Video del año por "Umbrella"

Much Music Video

2006: Mejor artista de video internacional por "SOS"

2008: Mejor artista de video internacional por "Don't Stop The Music"

Video más visto por "Umbrella"

People's Choice

2008: Canción R&B favorita por "Shut Up And Drive"

2010: Colaboración musical favorita por "Run This Town"

2011: Artista pop favorita

Video musical favorito por "Love The Way You Lie"

Canción favorita por "Love The Way You Lie"

Soul and Jazz

2010: Mejor álbum R&B del año por *Loud*

Mejor artista soul/R&B del año

Mejor colaboración por "What's My Name"

Teen Choice

2006: Artista femenina nueva

Selección de artista R&B

2007: Selección de artista R&B

Selección canción de verano por "Shut Up And Drive"

2010: Seleccion de música: pista rap/hip-hop por "Love The Way You Lie"

World Music

2006: Artista barbadense de mayor venta mundial

2007: Animadora del año

Artista pop femenina de mayor venta mundial

Artista femenina de R&B de mayor venta mundial

Urban Music

2007: Mejor acto R&B

2009: Mejor video musical por "Rehab"

Mejor acto femenino

Giras

Rihanna: Live in Concert Tour: julio–septiembre 2006; América del Norte

Good Girl Gone Bad Tour: septiembre 2007–enero 2009; Mundial

Last Girl on Earth Tour: abril 2010–marzo 2011; Mundial

Loud Tour: junio–diciembre 2011; Mundial

En línea

rihannanow.com:

Sitio oficial de Rihanna, tiene lo que se necesita saber sobre esta chica isleña convertida en superestrella internacional

rihannadaily.com:

Sitio no oficial lleno de noticias e información, incluyendo un calendario de fechas de las giras

ultimate-rihanna.com:

Las fotos y los chismes más recientes, con enlaces a sus sitios de Twitter y Facebook

@rihanna:

Únete a otros 8 millones y sigue todos los tuits de Rihanna

facebook.com/rihanna:

Consigue exclusivas, ve preestrenos y notas actualizadas

myspace.com/rihanna:

Escucha sus canciones favoritas de Rihanna, ¡gratis!

Biografías

Michael Heatley (Autor)

Michael Heatley editó la famosa colección *History of Rock*. Es autor de más de 100 biografías de musicos, y de libros de deportes y TV. Su biografía de DJ John Peel vendió más de 100,000 ejemplares, mientras *Michael Jackson – Life Of A Legend 1958–2009* coronó las listas de bestsellers del *Sunday Times* y ha sido traducido ampliamente.

Graham Betts (Coautor)

Graham Betts entró en la industria musical como agente de prensa en Pye Records. Trabajó para CBS Records (donde fue jefe de prensa) y otros sellos. Ha escrito para incontables revistas y publicaciones, incluyendo *Blues & Soul, Record Buyer* y *The History of Rock*. También ha publicado más de 20 libros.

Mango Saul (Prólogo)

Mango Saul ha sido periodista de música, estilo de vida y entretenimiento por diez años. Algunas de sus anécdotas incluyen haber desayunado en Waffle House con el rapero Ludacris en Atlanta, compartir una cama con Destiny's Child para una entrevista de portada para *Smash Hits* y que le enviaran un disfraz de helado sin ninguna razón. Como editor de Sugarscape.com, Mango ha visto crecer el sitio a más de 4 millones de visitas a la página por mes y fue preseleccionado por Editorial Digital Individual de 2011 en los premios AOP.

Créditos de fotografías

Todas las imágenes © Getty Images: Evan Agostini: 108; Stefania D'Alessandro: 22–3; Mark Allan/WireImage: 52; Carlos Alvarez: 88; Don Arnold/WireImage: 97; Bryan Bedder: 37; Dave Benett: 67; Adam Bettcher: 33; L. Busacca/WireImage: 98; Gareth Cattermole: 65; Michael Caulfield/WireImage: 41; Jerritt Clark/WireImage: 49; Lester Cohen/WireImage: 68; James Devaney/WireImage: 73, 84; Kristian Dowling: 58; Fred Duval/FilmMagic: 42; Charles Eshelman/FilmMagic: 106; C. Flanigan/FilmMagic: 21, 31; Shirlaine Forrest: 4; Jon Furniss/WireImage: 105; Ian Gavan: 7; Chris Gordon: 80; Scott Gries: 93; Jo Hale: 14–15; Dave Hogan: 62–3, 118–19; Dimitrios Kambouris/WireImage: 90; Jon Kopaloff/FilmMagic: 9; Jeff Kravitz/FilmMagic: 70–1; Mark Mainz: 12; Larry Marano: 86–7, 124; Kevin Mazur/WireImage: 50, 56, 61, 74, 83, 110–11, 113; Paul McConnell: 120; Jason Merritt/FilmMagic: 34; Ethan Miller: 102–3; New York Daily News Archive: 30; Ralph Orlowski: 46–7; Kevin Parry/WireImage: 123; Al Pereira/WireImage: 10; Chris Polk/FilmMagic: 38–9; Christopher Polk: 94–5; Troy Rizzo: 28–9; J. Ross: 78–9; Pascal Le Segretain: 77; ShowBizIreland: 16; Jordan Strauss: 117; Chung Sung-Jun: 114; Ray Tamarra: 25; Michael Tran/FilmMagic: 45; Venturelli/WireImage: 101; Rob Verhorst/Redferns: 26; Theo Wargo/WireImage: 18; Kevin Winter: 54–5.